BATAILLE DE FONTENOY,

le 11. May 1745.

B. Brigade.
C. Canon.

Village de Ramilly

Reserve de M. le C. de Lowendhal

B. Dauvey. B. Cambresis.
B. Danois. B. Auvergne. B. Irland.
B. Normant. B. des Vaisseux. B. Irland.

ARMÉE

Bataille de Ramille

Bois de Bari.

Infanterie Angloise

Caval. — Reserve Angloise

Voie par où s'est fait la Retraite des vaincus

DE

Cavalerie

Cavalerie

Notr. Dame au Bois

Carabiniers

Maison du Roy

AR-

MÉE

DES

ENNEMIS

Caval. Holand.

Infanterie Holand.

Bois de Fontenoy.

FRAN-

CE

C

ANTOIN
B. Piemont

Dragons

B. Crilon

Cavalerie

Caval.

Gesvine R.

670

LE POËME

DE FONTENOY,

NEUVIEME EDITION,

Avec le Plan de la Bataille, l'Epître Dédicatoire au Roy, le Discours préliminaire, des Notes, & autres Pieces.

A PARIS,

Chez PRAULT pere, Quai de Gêvres, au Paradis.

M. DCC. XLV.

Avec Approbation & Permission.

L'IMPRIMEUR AU LECTEUR.

L'A magnifique édition de cet Ouvrage ; que Sa Majesté a fait executer à son Louvre, ayant encore excité l'empressement du Public, j'ai été obligé de donner cette édition nouvelle, qui, en comptant celle du Louvre, fait la neuviéme imprimée à Paris. On y trouvera des Vers & des particularités qui ne se trouvent dans aucune autre, celle-ci ayant été faite après la prise d'Ostende, &c.

AU ROY,

SIRE,

Je n'avois osé dédier à *Votre Majesté* les premiers essais de cet Ouvrage. Je craignois sur tout de déplaire au plus modeste des Vainqueurs ; mais , *SIRE*, ce n'est point ici un Panégyrique , c'est une peinture fidéle d'une partie de la Journée la plus

A ij

glorieuse depuis la Bataille de Bovines. Ce
sont les sentimens de la France, quoiqu'à peine
exprimés ; c'est un Poëme sans exageration,
& de grandes vérités sans mélange de fiction,
ni de flaterie. Le nom de VOTRE MAJESTE'
fera passer cette faible esquisse à la posterité,
comme un monument autentique de tant de
belles actions, faites en votre présence, à
l'exemple des vôtres.

Daignez, SIRE, ajoûter à la bonté que
VOTRE MAJESTE' a eue de permettre cet
hommage, celle d'agréer les profonds respects
d'un de vos moindres Sujets, & du plus zélé
de vos Admirateurs.

VOLTAIRE.

DISCOURS
PRÉLIMINAIRE.

LE Public fait que cet Ouvrage, compofé d'abord avec la rapidité que le zéle infpire, reçut des accroiffemens à chaque Edition qu'on en faifoit. Toutes les circonftances de la victoire de Fontenoy, qu'on apprenoit à Paris de jour en jour, méritoient d'être célébrées ; &, ce qui n'étoit d'abord qu'une Piéce de cent Vers, eft devenu un Poëme qui en contient plus de trois cent cinquante ; mais on y a gardé toujours le même ordre, qui confifte dans la Préparation, dans l'Action, & dans ce qui la termine ; on n'a fait même que mettre cet ordre dans un plus grand jour, en traçant, dans cette Edition, le portrait des Nations dont étoit compofée l'Armée ennemie, & en fpécifiant leurs trois attaques.

On a peint avec des traits vrais, mais non

A iij

injurieux , les Nations dont L o u i s XV. a triomphé : par exemple , quand on dit des Hollandais qu'ils avoient autrefois brifé le joug de l'*Autriche cruelle*, il eft clair que c'eft de l'Autriche, *alors cruelle envers eux*, que l'on parle : car affurément elle ne l'eft pas aujourd'hui pour les Etats Généraux ; & d'ailleurs, la Reine de Hongrie qui ajoute tant à la gloire de la Maifon d'Autriche, fait combien les Français refpectent fa Perfonne & fes vertus, en étant forcés de la combattre.

Quand on a dit des Anglais , *Et la Féroéité le céde à la Vertu*, on a eu foin d'avertir en nottes dans toutes les Editions, que ce reproche de férocité ne tomboit que fur le Soldat.

En effet , il eft très-véritable que lorfque la colonne Anglaife déborda Fontenoy, plufieurs foldats de cette Nation criérent : *No quarter , point de quartier*. On fait encore , que quand M. de Sechelles feconda les intentions du Roi, avec une prévoyance fi finguliere,& qu'il fit préparer autant de fecours pour les Prifonniers ennemis bleffés , que pour nos Troupes, quelques Fantaſſins Anglais s'acharnerent encore contre nos ſoldats, dans les Chariots même où l'on tranſportoit les vainqueurs & les vaincus bleſ-ſés. Les Officiers, qui ont, à peu près la même éducation dans toute l'Europe, ont auſſi la même généroſité ; mais il y a des Pays où le Peuple, abandonné à lui-même, eſt plus farouche qu'ailleurs. On n'en a pas moins loué la valeur & la conduite de cette Nation ; & ſur tout, on n'a cité le nom de M. le Duc de Cumberland qu'avec l'éloge que ſa magnani-mité doit attendre de tout le monde.

Quelques étrangers ont voulu perſuader au Public, que l'illuſtre Adiſſon, dans ſon Poëme de la Campagne de Hoshted, avoit parlé plus honorablement de la Maiſon du Roi, que l'Auteur même du Poëme de Fontenoy. Ce reproche a été cauſe qu'on a cherché l'Ouvrage de M. Adiſſon à la Bibliotheque de Sa Majeſ-té, & on a été bien ſurpris d'y trouver beau-coup plus d'injures que de louanges, c'eſt en-viron au troiscentiéme Vers. On ne les répétera point, & il eſt bien inutile d'y répondre ; la

A iiij

Maiſon du Roi leur a répondu par des victoires.
On eſt très-éloigné de refuſer à un grand Poëte
& à un Philoſophe très-éclairé, tel que M.
Adiſſon, les éloges qu'il mérite ; mais il en mé-
riteroit davantage, & il auroit plus honoré la
Philoſophie & la Poëſie, s'il avoit plus ménagé
dans ſon poëme, des Têtes couronnées qu'un
ennemi même doit toujours reſpecter, & s'il
avoit ſongé que les louanges données aux vaincus, ſont un laurier de plus pour les vainqueurs :
il eſt à croire que quand M. Adiſſon fut Secre-
taire d'Etat, le Miniſtre ſe repentit de ces indé-
cences échapées à l'auteur.

Si l'Ouvrage Anglais eſt trop rempli de fiel,
celui-ci reſpire l'humanité. On a ſongé, en
célébrant une Bataille, à inſpirer des ſenti-
mens de bienfaiſance. Malheur à celui qui ne
pourroit ſe plaire qu'aux peintures de la deſtruc-
tion, & aux images des malheurs des hommes.

Les peuples de l'Europe ont des principes
d'humanité qui ne ſe trouvent point dans les
autres parties du monde ; ils ſont plus liés entr'eux, ils ont des loix qui leur ſont communes ;

toutes les Maifons des Souverains font alliées ;
leurs fujets voyagent continuellemenr, & en-
tretiennent une liaifon réciproque. Les Euro-
péans chrétiens font ce qu'étoient les Grecs ;
ils fe font la guerre entr'eux, mais ils confer-
vent d'ordinaire, dans ces diffentions, tant de
bienféance & de politeffe, que fouvent un
Français, un Anglais, un Allemand qui fe ren-
contrent, paroiffent être nez dans la même
ville. Il eft vrai que les Lacédémoniens & les
Thébains étoient moins polis que le peuple
d'Athènes, mais enfin toutes les nations de la
Grèce fe regardoient comme des Alliés qui ne
fe faifoient la guerre que dans l'efpérance cer-
taine de la paix : ils infultoient rarement à des
ennemis qui dans peu d'années devoient être
leurs amis. C'eft fur ce principe qu'on a tâché
que cet ouvrage fût un monument de la gloire
du Roi, & non de la honte des nations dont
il triomphe : on feroit fâché d'avoir écrit contre elles avec autant d'aigreur que quelques
Français en ont mis dans leurs fatyres contre
cet ouvrage d'un de leurs compatriotes, mais

la jaloufie d'auteur à auteur eft beaucoup plus grande que celle de nation à nation.

On a dit des Suiffes, qu'ils font *nos antiques amis & nos concitoyens*, parce qu'ils le font depuis deux cens cinquante ans. On a dit que les étrangers qui fervent dans nos armées, ont fuivi l'exemple de la Maifon du Roi & de nos autres troupes, parce qu'en effet c'eft toujours à la nation qui combat pour fon Prince, à donner cet exemple, & que jamais cet exemple n'a été mieux donné.

On n'ôtera jamais à la nation Françaife la gloire de la valeur & de la politeffe. On a ofé imprimer, que ce vers

Je vois cet Etranger qu'on croit né parmi nous,

étoit un compliment à un Général né en Saxe, d'avoir l'air Français. Il eft bien queftion ici d'air & de bonne grace ! Quel eft l'homme qui ne voit évidemment que ce vers fignifie que ce General étranger eft auffi attaché au Roy que s'il étoit né fon Sujet ?

Cette critique eft auffi judicieufe que celle

de quelques perſonnes qui prétendirent qu'il n'étoit pas *honnête* de dire que ce Général étoit dangereuſement malade, lorſqu'en effet ſon courage lui fit oublier l'état douloureux où il étoit réduit, & le fit triompher de la faibleſſe de ſon corps ainſi que des ennemis du Roi.

Voilà tout ce que la bienſéance en général permet qu'on réponde à ceux qui en ont manqué.

L'Auteur n'a eu d'autre vûe que de rendre fidélement ce qui étoit venu à ſa connoiſſance, & ſon ſeul regret eſt de n'avoir pû, dans un ſi court eſpace de tems, & dans une piéce de ſi peu d'étendue, célébrer toutes les belles actions dont il a depuis entendu parler ; il ne pouvoit dire tout ; mais au moins ce qu'il a dit eſt vrai ; la moindre flatterie eût déshonoré un ouvrage fondé ſur la gloire du Roi & ſur celle de la Nation. Le plaiſir de dire la vérité l'occupoit ſi entiérement, que ce ne fut qu'après ſix éditions qu'il envoya ſon ouvrage à la plûpart de ceux qui y ſont célébrés.

Tous ceux qui ſont nommés n'ont pas eu

les occafions de fe fignaler également. Celui qui, à la tête de fon Régiment, attendoit l'ordre de marcher, n'a pû rendre le même fervice qu'un Lieutenant-Général qui étoit à portée de confeiller de fondre fur la colomne Anglaife, & qui partit pour la charger avec la Maifon du Roy. Mais fi la grande action de l'un mérite d'être rapportée, le courage impatient de l'autre ne doit pas être oublié. Tel eft loué en général fur fa valeur, tel autre fur un fervice rendu ; on a parlé des bleffures des uns, on a déploré la mort des autres.

Ce fut une juftice que rendit le célébre M. Defpreaux à ceux qui avoient été de l'expédition du paffage du Rhin. Il cite près de vingt noms, il y en a ici plus de foixante; & on en trouveroit quatre fois davantage fi la nature de l'Ouvrage le comportoit.

Il feroit bien étrange qu'il eût été permis à Homere, à Virgile, au Taffe, de décrire les bleffures de mille Guerriers imaginaires, & qu'il ne le fût pas de parler des Héros véritables qui viennent de prodiguer leur fang, & par-

mi lefquels il y en a plufieurs avec qui l'Auteur
avoit eu l'honneur de vivre , & qui lui ont
laiffé de finceres regrets.

L'attention fcrupuleufe, qu'on a apportée dans
cette édition, doit fervir de garant de tous les
faits qui font énoncés dans le Poëme Il n'en
eft aucun qui ne doive être cher à la nation,
& à toutes les familles qu'ils regardent. En
effet, qui n'eft touché fenfiblement en lifant
le nom de fon fils, de fon frere, d'un parent
cher, d'un ami tué ou bleffé, ou expofé dans
cette Bataille qui fera célébre à jamais ; en
lifant, dis-je, ce nom dans un Ouvrage, qui
tout faible qu'il eft, a été honoré plus d'une fois
des regards du Monarque, & que Sa Majefté n'a
permis qu'il lui fût dédié, que parce qu'Elle a
oublié fon éloge en faveur de celui des Officiers
qui ont combattu & vaincu fous fes ordres.

C'eft donc moins en Poëte qu'en bon Citoyen
qu'on a travaillé. On n'a point cru devoir
orner ce Poëme de longues fictions, furtout
dans la premiere chaleur du Public, & dans un
tems où l'Europe n'étoit occupée que des dé-

tails intéreſſans de cette victoire importante, achetée par tant de ſang.

La fiction peut orner un ſujet ou moins grand, ou moins intéreſſant, ou, qui placé plus lein de nous, laiſſe l'eſprit plus tranquille. Ainſi, lorſque Deſpréaux s'égaya dans ſa deſcription du Paſſage du Rhin, c'étoit trois mois après l'action ; & cette action, toute brillante qu'elle fut, n'eſt à comparer ni pour l'importance, ni pour le danger, à une Bataille rangée, gagnée ſur un Ennemi habile, intrépide, & ſupérieur en nombre, par un Roy expoſé, ainſi que ſon fils, pendant quatre heures au feu de l'artillerie.

Ce n'eſt qu'après s'être laiſſé emporter aux premiers mouvemens de zele, après s'être attaché uniquement à louer ceux qui ont ſi bien ſervi la Patrie dans ce grand jour, qu'on s'eſt permis d'inférer, dans le Poëme, un peu de ces fictions qui affaibliroient un tel ſujet ſi on vouloit les prodiguer ; & on ne dit ici en proſe que ce que M. Adiſſon lui-même a dit en vers dans ſon fameux Poëme de la campagne d'Hoshted.

On peut, deux mille ans après la guerre de Troye, faire apporter par Vénus à Enée des Armes que Vulcain a forgées, & qui rendent ce héros invulnérable; on peut lui faire rendre son Epée par une Divinité, pour la plonger dans le sein de son ennemi. Tout le Conseil des Dieux peut s'assembler, tout l'Enfer peut se déchaîner; Alecton peut envvrer tous les esprits des venins de sa rage: mais ni notre Siécle, ni un Evenement si récent, ni un ouvrage si court ne permettent gueres ces peintures devenues les lieux communs de la Poësie. Il faut pardonner à un Citoyen pénétré, de faire parler son cœur plus que son imagination, & l'Auteur avoue qu'il s'est plus attendri en disant:

> Tu meurs, jeune Craon, que le Ciel moins severe
> Veille sur les destins de ton généreux frere!

que s'il avoit évoqué les Euménides, pour faire ôter la vie à un jeune Guerrier aimable.

Il faut des Divinités dans un Poëme épique, & surtout quand il s'agit de Héros fabuleux. Mais ici le vrai Jupiter, le vrai Mars,

c'eſt un Roy tranquille dans le plus grand danger, & qui hazarde ſa vie pour un peuple dont
il eſt le pere. C'eſt lui, c'eſt ſon fils, ce ſont
ceux qui ont vaincu ſous lui, & non Junon
& Juturne qu'on a voulu & qu'on a dû peindre.
D'ailleurs le petit nombre de ceux qui con-
noiſſent notre Poëſie, ſavent qu'il eſt bien plus
aiſé d'intéreſſer le Ciel, les Enfers & la Terre
à une Bataille, que de faire reconnaître & de
diſtinguer, par des images propres & ſenſibles,
des Carabiniers qui ont de gros Fuſils rayés,
des Grenadiers, des Dragons qui combattent
à pied & à cheval, de parler de retranchemens faits à la hâte, d'ennemis qui s'avancent
en colomne, d'exprimer enfin ce qu'on n'a
gueres dit encore en Vers.

　C'étoit ce que penſoit M. Adiſſon, bon Poëte
& Critique judidicieux. Il employa dans ſon
Poëme qui a immortaliſé la Campagne d'Hoſh-
ted, beaucoup moins de fictions qu'on ne s'en eſt
permis dans le Poëme de Fontenoy. Il ſavoit
que le Duc de Malbouroug & le Prince Eugê-
ne, ſe feroient très-peu ſouciés de voir des
　　　　　　　　Dieux,

Dieux, où il étoit queſtion des grandes actions des hommes. Il ſavoit qu'on releve par l'invention, les exploits de l'antiquité, & qu'on court riſque d'affaiblir ceux des modernes par de froides allégories : il a fait mieux, il a intéreſſé l'Europe entiere à ſon action.

Il en eſt à peu près de ces petits Poëmes de trois cens ou de quatre cens vers ſur les affaires préſentes, comme d'une Tragédie : le fond doit être intéreſſant par lui même, & les ornemens étrangers ſont preſque toûjours ſuperflus.

On a dû ſpécifier les différens Corps qui ont combattu, leurs armes, leur poſition, l'endroit où ils ont attaqué, dire que la colomne Anglaiſe a pénétré, exprimer comment elle a été enfoncée par la Maiſon du Roy, les Carabiniers, la Gendarmerie, le Régiment de Normandie, les Irlandais, &c. Si on n'étoit pas entré dans ces détails dont le fonds eſt ſi héroïque, & qui ſont cependant ſi difficiles à rendre, rien ne diſtingueroit la Bataille de Fontenoy d'avec celle de Tolbiac. M. Deſpréaux dans le paſſage du Rhin a dit ;  B

Revel les fuit de près ; fous ce Chef redouté ;
Marche des Cuiraffiers l'efcadron indompté.

On a peint ici les Carabiniers au lieu de les
appeller par leur nom, qui convient encore
moins aux Vers que celui de Cuiraffiers. On
a même mieux aimé, dans cette derniere édition, caractérifer les fonctions de l'Etat Major,
que de mettre en Vers les noms des Officiers
de ce Corps qui ont été bleffés, & ces noms
ont été reportés dans les Notes.

Cependant on a ofé appeller *la Maifon du Roy*
par fon nom, fans fe fervir d'aucune autre
image. Ce nom de *Maifon du Roy* qui contient
tant de Corps invincibles, imprime une affez
grande idée, fans qu'il foit befoin d'autre fi-
gure. M. Adiffon même ne l'appelle pas autre-
ment. Mais il y a encore une autre raifon de
l'avoir nommée, c'eft la rapidité de l'action.

Vous, peuple de Héros, dont la foule s'avance,
Louis, fon Fils, l'Etat, l'Europe eft en vos mains.
Maifon du Roi, marchez, &c.

Si on avoit dit *la Maifon du Roy marche*, cette
expreffion eût été profaïque & languiffante.

On n'a pas voulu s'écarter un moment, dans
cet Ouvrage, de la gravité du sujet. Despréaux
il est vrai, en traitant le passage du Rhin dans
le goût de quelques-unes de ses Epitres, a joint
le plaisant à l'héroïque; car après avoir dit :

Un bruit s'épand qu'Enguien & Condé sont passés,
Condé, dont le seul nom fait tomber les murailles,
Force les Escadrons, & gagne les Batailles,
Enguien, de son hymen, le seul & digne fruit, &c.

Il s'exprime ensuite ainsi :

Bien-tôt.... Mais Vurts s'oppose à l'ardeur qui m'anime;
Finissons; il est temps, aussi-bien, si la rime
Alloit, mal-à-propos, m'engager dans Arneim,
Je n'en sai, pour sortir, de porte qu'Hildesheim.

Les personnes qui ont parû souhaiter qu'on
employât dans le récit de la victoire de Fontenoy quelques traits de ce stile familier de
Boileau, n'ont pas, ce me semble, assez dis-
tingué les lieux & les tems, & n'ont pas fait la
différence qu'il faut faire entre une Epitre & un
ouvrage d'un ton plus sérieux & plus sévere; ce
qui a de la grace dans le genre épistolaire ne
seroit pas convenable dans le genre héroïque.

B ij

On n'en dira pas davantage fur ce qui regarde l'art & le goût, à la tête d'un ouvrage,
où il s'agit des plus grands intérêts, & qui ne
doit remplir l'efprit que de la gloire du Roy,
& du bonheur de la Patrie.

LE POËME

DE

FONTENOY,

Q U o y, du siecle passé le fameux satirique,
Aura fait retentir la trompette héroïque,
Aura chanté du Rhin les bords ensanglantés,
Ses défenseurs mourans, ses flots épouvantés,
Son Dieu même en fureur effrayé du passage,
Cédant à nos ayeux son onde & son rivage ?
Et vous, quand votre Roy, dans des Plaines de sang,
Voit la mort devant lui voler de rang en rang ;
Tandis que de Tournay foudroyant les murailles,
10 Il suspend les assauts pour courir aux Batailles,
Quand des bras de l'himen s'élançant au Trépas,
Son Fils, son digne Fils suit de si près ses pas ;
Vous, heureux par ses loix, & grands par sa vaillance,
Français, vous garderiez un indigne silence ?

VENEZ le contempler aux Champs de Fontenoy.
O vous, Gloire, Vertu, Déeſſes de mon Roi,
Redoutable Bellone & Minerve chérie,
Paſſion des grands cœurs, amour de la Patrie,
Pour couronner LOUIS prêtez-moi vos lauriers;
20 Enflâmez mon eſprit du feu de nos Guerriers;
Peignez de leurs exploits une éternelle image:
Vous m'avez tranſporté ſur ce ſanglant rivage,
J'y vois ces Combattans que vous conduiſez tous;
C'eſt-là ce fier Saxon [1] qu'on croit né parmi nous,
Maurice qui touchant à l'infernale rive,
Rappelle pour ſon Roi ſon ame fugitive,
Et qui demande à Mars, dont il a la valeur,
De vivre encore un jour & de mourir vainqueur.
Conſervez, juſtes cieux, ſes hautes deſtinées,
30 Pour LOUIS & pour nous prolongez ſes années.

DEJA de la tranchée [2] Harcourt eſt accouru,
Tout poſte eſt aſſigné, tout danger eſt prévu;
Noailles [3] pour ſon Roy plein d'un amour fidele,
Voit la France en ſon Maître & ne regarde qu'elle.

---

1 Le Comte Maréchal de Saxe, dangereuſement malade, étoit porté dans une gondole d'oſier, quand ſes douleurs & ſa faibleſſe l'empêchoient de ſe tenir à cheval. Il dit au Roi, qui l'embraſſa, après le gain de la Bataille, les mêmes choſes qu'on lui fait penſer ici.

2 M. le Duc d'Harcourt avoit inveſti Tournay.

3 Maréchal de France.

Ce sang de tant de Rois, ce sang du grand Condé,
D'Eu, 4 par qui des Français le Tonnerre est guidé,
Pentievre, 5 dont le zéle avoit devancé l'âge,
Qui déja vers le Mein signala son courage,
Baviere avec de Pons, Bouflers & Luxembourg ;
40 Vont, chacun dans leur place, attendre ce grand jour ;
Chacun porte l'espoir aux Guerriers qu'il commande.
Le fortuné Danoy, 6 Chabannes, Galerande,
Le vaillant Berenger, ce défenseur du Rhin,
Colbert & du Chaila, tous nos Héros enfin, 7
Dans l'horreur de la nuit, dans celle du silence,
Demandent seulement que le péril commence.

    L E jour frappe déja de ses rayons naissans
De vingt Peuples unis les Drapeaux menaçans ;
Le Belge qui, jadis, fortuné sous nos Princes,
50 Vit l'abondance alors enrichir ses Provinces :
Le Batave prudent, dans l'Inde respecté,
Puissant par son travail & par sa liberté,
Qui, long-temps opprimé par l'Autriche cruelle,
Ayant brisé son joug, s'arme aujourd'hui pour elle ;
L'Hanovrien constant, qui formé pour servir,
Sait souffrir & combattre, & sur tout obéir ;

4 Grand Maître de l'Artillerie.
5 Il s'étoit signalé à la Bataille de Dettingue.
6 M. de Danoy fut retiré par sa nourrice d'une foule de morts & de mourans sur le champ de Malplaquet, deux jours après la Bataille. C'est un fait
certain : cette femme vint avec un Passeport, accompagnée d'un Sergent du
Régiment du Roi, dans lequel étoit alors cet Officier.
7 Les Lieutenans Généraux chacun à leur Division.

L'Autrichien rempli de fa gloire paſſée,
De ſes derniers Céſars occupant ſa penſée;
Sur tout, ce Peuple altier qui voit ſur tant de mers
60 Son commerce & ſa gloire embraſſer l'Univers,
Et qui, jaloux en vain, des grandeurs de la France,
Croit porter dans ſes mains la foudre & la balance.
Tous marchent contre nous: la Valeur les conduit,
La Haine les anime, & l'Eſpoir les ſéduit.
De l'Empire Français l'indomptable Génie,
Brave, auprès de ſon Roi, leur foule réunie.
Des montagnes, des bois, des fleuves d'alentour,
Tous les Dieux allarmés ſortent de leur ſéjour;
Incertains pour quel Maître en ces Plaines fécondes
70 Vont craître leurs moiſſons, & vont couler leurs ondes,
La Fortune auprès d'eux, d'un vol prompt & leger,
Les Lauriers dans les mains, fend les plaines de l'air;
Elle obſerve LOUIS, & voit avec colere
Que ſans elle aujourd'hui la Valeur va tout faire.
Le brave Cumberland, fier d'attaquer LOUIS,
A déja diſpoſé ſes bataillons hardis:
Tels ne parurent point aux rives du Scamandre,
Sous ces murs ſi vantés que Pyrrus mit en cendre,
Ces antiques Héros qui montés ſur un char,
80 Combattoient en déſordre, & marchoient au hazard:
Mais tel fut Scipion ſous les murs de Cartage,
Tels ſon rival & lui prudens avec courage,

Déployant de leur art les terribles fecrets,
L'un vers l'autre avancés s'admiroient de plus près.

L'Escaut, les Ennemis, les remparts de la Ville;
Tout préfente la mort, & Louis eft tranquille.
Cent tonneres de bronze ont donné le fignal.
D'un pas ferme & preffé, d'un front toûjours égal,
S'avance vers nos rangs la profonde colomne
90 Que la terreur devance, & la flamme environne,
Comme un nuage épais qui fur l'aîle des vents,
Porte l'éclair, la foudre, & la mort dans fes flancs.
Les voilà ces rivaux du grand nom de mon Maître,
Plus farouches que nous, auffi vaillans peut-être,
Encor tout orgueilleux de leurs premiers exploits;
Bourbons ! voici le tems de venger les Valois.

Dans un ordre effrayant, trois attaques formées
Sur trois terrains divers engagent les Armées ;
Le Français, dont Maurice a gouverné l'ardeur,
100 A fon pofte attaché, joint l'art à la valeur.
La Mort, fur les deux Camps, étend fa main cruelle,
Tous fes traits font lancés, le fang coule au tour d'elle.
Chefs, Officiers, Soldats, l'un fur l'autre entaffés,
Sous le fer expirans, par le plomb renverfés,
Pouffent les derniers cris en demandant vengeance.
• Grammont que fignaloit fa noble impatience,
Grammont dans l'Elifée emporte la douleur
D'ignorer en mourant fi fon Maître eft vainqueur.

De quoy lui serviront ces grands titres [8] de gloire;

110 Ce Sceptre des Guerriers, honneur de sa mémoire?

Ce rang, ces dignités, vanités des Héros,

Que la Mort, avec eux, précipite aux tombaux?

Tu meurs, jeune Craon. [9] Que le Ciel moins sévere

Veille sur les destins de ton généreux frere!

Hélas! cher Longaunay, [10] quelle main, quel secours

Peut arrêter ton sang, & ranimer tes jours?

Ces Ministres de Mars, [11] qui d'un vol si rapide,

S'élançoient à la voix de leur Chef intrépide,

Sont, du plomb qui les suit, dans leur course arrêtés,

120 Tels que des champs de l'air tombent précipités,

Des oiseaux tout sanglans palpitans sur la terre.

Le fer atteint d'Avray. [12] Le jeune Daubetere

Voit de sa légion tous les Chefs indomptés,

Sous le glaive & le feu mourans à ses côtés.

Guerriers, que Chabrillant avec Brancas rallie,

Que d'Anglais immolés vont payer votre vie!

Je te rends grace, ô Mars! Dieu de sang, Dieu cruel;

La race de Colbert, [13] ce Ministre immortel,

---

8 Il alloit être Maréchal de France.

9 Dix-neuf Officiers du Régiment de Hainault ont été tués ou blessés. Son frere le Prince de Beauvau, sert en Italie.

10 M. de Longaunay, Colonel de nouveaux Grénadiers, mort depuis de ses blessures.

11 Officiers de l'Etat-Major. Mrs. de Puisegur, de Meziere, de S. Sauveur. De Saint George.

12 Le Duc d'Avray, Colonel du Régiment de la Couronne.

13 M. de Croissy avec ses deux enfans, & son neveu M. Duplessis Châtillon blessé légerement.

Echappe en ce carnage à ta main fanguinaire;
130 Guerchy [14] n'eft point frappé, la vertu peut te plaire;
Mais vous brave [15] Daché, quel fera votre fort?
Le Ciel fauve, à fon gré, donne & fufpend la mort,
Infortuné Luttaux! tout chargé de bleffures,
L'art qui veille à ta vie, ajoûte à tes tortures,
Tu meurs dans les toûrmens; nos cris mal entendus
Te demandent au Ciel, & déja tu n'es plus.

O combien de vertus que la tombe dévore!
Combien de jours brillans éclipfés à l'aurore!
Que nos lauriers fanglans doivent couter de pleurs!
140 Ils tombent ces Héros, ils tombent ces vengeurs,
Ils meurent, & nos jours font heureux & tranquilles;
La molle volupté, le luxe de nos Villes,
Filent ces jours ferains, ces jours que nous devons
Au fang de nos Guerriers, aux périls des Bourbons.
Couvrons du moins de fleurs ces tombes glorieufes,
Arrachons à l'oubli ces ombres vertueufes;
Vous [16] qui lanciez la foudre, & qu'ont frappé fes
    coups,
Revivez dans nos chants quand vous mourez pour nous.

14 Tous les Officiers de fon Régiment Royal des Vaiffeaux, hors de
combat; lui feul ne fut point bleffé.
15 M. Daché (on l'écrit Dapchier) Lieutenant Général. M. de Luttaux,
Lieutenant Général, mort dans les operations du traitement de fes bleffures.
16 M. Du Brocard, Maréchal de Camp, commandant l'Artillerie.

EH quel feroit, grand Dieu ! le Citoyen barbare,
150 Prodigue de cenfure, & de louange avare,
Qui peu touché des morts & jaloux des vivans,
Leur pourroit envier mes pleurs & mon encens ?
Ah ! s'il eft parmi nous des cœurs dont l'indolence,
Infenfible aux grandeurs, aux pertes de la France,
Dédaigne de m'entendre & de m'encourager,
Réveillez-vous, ingrats ; LOUIS eft en danger.

LE feu qui fe déploye & qui dans fon paffage,
S'anime en dévorant l'aliment de fa rage,
Les torrens débordés dans l'horreur des hyvers,
160 Le flux impetueux des menaçantes mers,
Ont un cours moins rapide, ont moins de violence
Que l'épais bataillon qui contre nous s'avance ;
Qui triomphe en marchant ; qui, le fer à la main,
A travers les mourans s'ouvre un large chemin.
Rien n'a pû l'arrêter, Mars pour lui fe déclare !
Le Roy voit le malheur, le brave & le répare.
Son fils, fon feul efpoir … Ah ! cher Prince, arrêtez,
Où portez-vous ainfi vos pas précipités ?
Confervez cette vie au monde néceffaire.
170 LOUIS craint pour fon fils, ¹⁷ le fils craint pour fon pere ;

---

17 Un boulet de canon couvrit de terre un homme entre le Roi & Mon-
feigneur le Dauphin ; & un domeftique de M. le Comte d'Argenfon fut atteint d'une balle de fufil derriere eux.

Nos Guerriers tous fanglans frémiffent pour tous deux,
Seul mouvement d'effroy dans ces cœurs généreux.
Vous, [18] qui gardez mon Roi, vous, qui vangez la France,
Vous, peuple de Héros dont la foule s'avance,
Accourez, c'eft à vous de fixer les deftins ;
Louis, fon Fils, l'Etat, l'Europe eft en vos mains,
Maifon du Roy ! marchez, affurez la victoire,
Soubife & Peiquigny [19] vous menent à la gloire.
Paroiffez, vieux Soldats, [20] dont les bras éprouvés
180 Lancent de loin la mort que de près vous bravez.
Venez, vaillante élite, honneur de nos Armées,
Partez, fleches de feu, grenades [21] enflammées,
Phalanges de Louis, écrafez fous vos coups
Ces Combattans fi fiers & fi dignes de vous.
Richelieu, qu'en tous lieux, emporte fon courage ;
Ardent, mais éclairé, vif à la fois & fage,
Favori de l'Amour, de Minerve & de Mars,
Richelieu [22] vous appelle, il n'eft plus de hazards ;

18 Les Gardes, les Gendarmes, les Chevaux-Légers, les Moufquetai-
res, fous M. de Monteffon, Lieutenant Général. Deux Bataillons des
Gardes Françaifes & Suiffes, &c.
19 M. le Prince de Soubife prit fur lui de feconder M. le Comte de la
Marke, dans la défenfe obftinée du pofte d'Antoin ; il alla enfuite fe mettre à la tête des Gendarmes, comme M. de Peiquigny à la tête des Chevaux-
Legers, ce qui contribua beaucoup au gain de la Bataille.
20 Carabiniers, corps inftitué par Louis XIV. il tire avec des Carabines
rayées. On fait avec quel éloge le Roi les a nommés dans fa Lettre.
21 Grenadiers à cheval commandés par M. le Chevalier de Grille ; ils
marchent à la tête de la Maifon du Roy.
22 Un Miniftre d'Etat, qui n'a point quitté le Roi pendant la Bataille, a écrit
fes propres mots : *C'eft M. de Richelieu qui a donné ce Confeil, & qui l'a exécuté.*

Il vous appelle : Il voit d'un œil prudent & fermé
Des succès ennemis, & la cause & le terme ;
Il vole, & sa vertu secondant vos grands cœurs,
Il vous marque la place où vous serez vainqueurs.

    D'un rempart de gazon, foible & prompte barriere ;
Que l'art oppose à peine à la fureur guerriere,
190 La Marke,[23] Lavauguion,[24] Choiseuil d'un même effort ;
Arrêtent une Armée & repoussent la mort.

Dargenson qu'enflammoient les regards de son pere ;
La gloire de l'Etat, à tous les siens si chere,
Le danger de son Roy, le sang de ses ayeux,
Assaillit par trois fois ce corps audacieux,
Cette masse de feu qui semble impénétrable :
On l'arrête, il revient, ardent, infatigable :
Ainsi qu'aux premiers temps, par leurs coups redoublés,
Les bèliers enfonçoient les remparts ébranlés.

200   Ce brillant escadron, [25] fameux par cent batailles ;
Lui, par qui Catinat fut vainqueur à Marsailles,
Arrive, voit, combat, & soûtient son grand nom.
Tu suis du Chastellet, jeune Castelmoron ; [26]

23 M. le Comte de la Marke au poste d'Antoin.
24 Mrs. de la Vauguyon, Choiseuil - Meuse, &c. aux Retranchemens faits à la hâte dans le village de Fontenoy. M. de Crequi n'étoit point à ce poste, comme on l'avoit dit d'abord, mais à la tête des Carabiniers.
25 Quatre escadrons de la Gendarmerie arrivoient après sept heures de marche, & attaquerent.
26 Un Cheval fougueux avoit emporté le Porte-Etendart dans la Colomne Anglaise, M. de Castelmoron, âgé de 15 ans, lui cinquiéme, alla le reprendre au milieu du Camp des ennemis. M. de Bellet commandoit ces Escadrons de la Gendarmerie ; il y eut un cheval tué sous lui, aussi-bien que M. de Chimenes, en reformant une Brigade.

Toy, qui touches encore à l'âge de l'enfance;
Toy, qui d'un faible bras qu'affermit ta vaillance;
Reprends ces étendarts déchirés & fanglans,
Que l'orgueilleux Anglais emportoit dans fes rangs:
C'eft dans ces rangs affreux que Chevrier expire;
Monaco perd fon fang, & l'amour en foupire.
Anglais, fur Duguefclin deux fois tombent vos coups,
210 Frémiffez à ce nom fi funefte pour vous.

MAIS quel brillant Héros, au milieu du carnage,
Renverfé, relevé, s'eft ouvert un paffage?
Biron, 27 tels on voyoit dans les plaines d'Ivry,
Tes immortels Ayeux fuivre le Grand Henry.
Tel étoit ce Crillon, chargé d'honneurs fuprêmes,
Nommé brave autrefois par les braves eux-mêmes,
Tels étoient ces d'Aumonts, ces grands Montmorencis,
Ces Crequis généreux renaiffans dans leurs fils. 28
Tel fe forma Turenne au grand art de la guerre,
Près d'un autre 29 Saxon la terreur de la terre,
220 Quand la Juftice & Mars, fous un autre Louis,
Frappoient l'Aigle d'Autriche & relevoient les Lys.

COMMENT ces Courtifans, doux, enjoués, aimables,
Sont-ils dans les combats des Lions indomptables?

27 M. le Duc de Biron eut le commandement de l'Infanterie quand M. de
Luttaux fut hors de combat; il chargea fucceffivement à la tête de prefque
toutes les Brigades.
28 M. de Luxembourg, M. de Logni, & M. de Tingri.
29 Le Duc de Saxe Weimar, fous qui le Vicomte de Turenne fit fes pre-
mieres Campagnes. M. de Turenne eft arriére-neveu de ce grand homme.

Quel affemblage heureux de graces, de valeur !
Bouflers, Meuze, d'Ayen, Duras bouillant d'ardeur ;
A la voix de L O U I S, courez, troupe intrépide.
Que les Français font grands quand leur Maître les guide !
Ils l'aiment, ils vaincront, leur pere eft avec eux,
Son courage n'eft point cet inftinct furieux,
Ce courroux emporté, cette valeur commune ;
Maître de fon efprit, il l'eft de la Fortune,
Rien ne trouble fes fens, rien n'éblouit fes yeux :
240 Il marche, il eft femblable à ce Maître des Dieux,
Qui, frappant les Titans, & tonnant fur leurs têtes,
D'un front majeftueux dirigeoit les tempêtes ;
Il marche, & fous fes coups la terre au loin mugit,
L'Efcaut fuit, la Mer gronde, & le Ciel s'obfurcit.

S U R un nuage épais que des antres de l'Ourfe
Les vents affreux du Nord aportent dans leur courfe,
Les Vainqueurs des Valois defcendent en courroux :
C U M B E R L A N D, difent-ils, nous n'efpérons qu'en
vous ;
Courage, raffemblez vos légions altiéres,
250 Bataves, revenez, défendez vos barrieres ;
Anglais, vous que la paix fembloit feule allarmer,
Vangez-vous d'un Héros qui daigne encor l'aimer ;
Ainfi que fes bienfaits craindrez-vous fa Vaillance ?
Mais ils parlent en vain, lorfque L O U I S s'avance ;

Leur génie est dompté, l'Anglais est abattu;
Et la férocité [30] le céde à la vertu.

CLARE avec l'Irlandais, qu'animent nos exem-
ples,
Venge ses Rois trahis, sa Patrie & ses Temples.
Peuple sage & fidéle, heureux Helvétiens, [31]
260 Nos antiques amis, & nos concitoyens,
Votre marche assurée, égale, inébranlable;
Des ardens Neustriens [32] suit la fougue indomptable;
Ce Danois, [33] ce Héros, qui des frimats du Nord,
Par le Dieu des combats fut conduit sur ce bord,
Admire les Français qu'il est venu défendre.
Mille cris redoublés près de lui font entendre;
Rendez-vous, ou mourez, tombez sous notre effort.
C'en est fait; & l'Anglais craint LOUIS & la mort.

ALLEZ, brave d'Estrée, [34] achevez cet ouvrage,
270 Enchaînez ces vaincus échapés au carnage;

30 Ce reproche de férocité ne tombe que sur le soldat, & non sur les Officiers, qui sont aussi généreux que les nôtres. On m'a écrit que lorsque la
Colomne Anglaise déborda Fontenoy, plusieurs soldats de ce corps
crioient, *no quarter, no quarter*, point de quartier.
31 Les Régimens de Diesbak & de Betens, de Courten, &c. avec des
Bataillons des Gardes Suisses.
32 Le Régiment de Normandie, qui revenoit à la charge sur la colomne
Anglaise, tandis que la Maison du Roi, la Gendarmerie, les Carabiniers,
&c. fondoient sur elle.
33 M. de Lovendal.
34 M. le Comte d'Estrée à la tête de sa Division, & M. de Brionne à la
tête de son Régiment, avoient enfoncé les Grenadiers Anglais, le sabre à
la main.   C

Que du Roy qu'ils bravoient ils implorent l'appui ;
Ils feront fiers encore , ils n'ont cédé 35 qu'à lui.

Bien-tôt vole après eux ce corps fier & rapide, 36
Qui femblable au Dragon qu'il eut jadis pour guide,
Toujours prêt, toûjours prompt, de pied ferme, en courant,
Donne de deux combats le fpectacle effrayant.
C'eft ainfi que l'on voit dans les Champs des Numides ;
Différemment armés des chaffeurs intrépides ;
Les courfiers écumans franchiffent les guerets,
280 On gravit fur les monts , on borde les forêts ;
Les piéges font dreffés, on attend , on s'élance ;
Le javelot fend l'air, & le plomb le devance ;
Les Léopards fanglans percés de coups divers ;
D'affreux rugiffemens font retentir les airs ;
Dans le fonds des forefts il vont cacher leur rage.

Ah ! c'eft affez de fang, de meurtre, de ravage ;
Sur des morts entaffés c'eft marcher trop long-tems.
Noailles 37 ramenez vos Soldats triomphans ;
Mars voit avec plaifir leurs mains victorieufes

35 Depuis S. Louis, aucun Roi de France n'avoit battu les Anglais en
perfonne, en bataille rangée.
36 On envoya quelques Dragons à la pourfuite : Ce corps étoit commandé
par M. le Duc de Chevreufe, qui s'étoit diftingué au combat de Sahy , où
il avoit reçu trois bleffures. L'opinion la plus vraifemblable fur l'origine
du mot *Dragon*, eft qu'ils porterent un Dragon dans leurs Etendarts fous
le Maréchal de Briffac, qui inftitua ce Corps dans les guerres du Piémont.
37 Le Comte de Noailles attaqua de fon côté la colomne d'Infanterie
Anglaife avec une Brigade de Cavalerie , qui prit enfuite des Canons.

290 Traîner dans notre Camp ces machines affreuses,
Ces foudres ennemis contre nous dirigés.
Venez lancer ces traits que leurs mains ont forgés ;
Qu'ils renversent par vous les murs de cette Ville ;
Du Batave indécis la Barriere & l'asile,
Ces premiers ³⁸ fondemens de l'Empire des Lis,
Par les mains de mon Roy pour jamais affermis.
Déja Tournay se rend, déja Gand s'épouvante,
Charlesquint s'en émeut ; son ombre gémissante
Pousse un cri dans les airs, & fuit de ce séjour,
300 Où pour vaincre autrefois le Ciel le mit au jour ;
Il fuit : Mais quel objet pour cette ombre allarmée !
Il voit la Flandre entiere en proie à notre Armée,
Ses pâles Défenseurs fuyant de toutes parts,
Dans les mains de L o u i s laissant leurs Etendarts.
Le Belge en vain caché dans ses Villes tremblantes ;
Les murs de Gand tombés sous ses mains foudroyantes ;
Son Char victorieux en ces vastes remparts, ³⁹
Ecrasant le berceau du plus grand des Césars ; ⁴⁰
Ostende qui, jadis, a durant trois années ⁴²
310 Bravé de cent assauts les fureurs obstinées,

38 Tournay principale Ville des Français sous la premiere race, dans la-
quelle on a trouvé le tombeau de Childeric.
39 La Ville de Gand soumise à Sa Majesté le 11 Juillet, après la dé-
faite d'un corps d'Anglais par M. du Chaila, à la tête des Brigades de
Crillon & de Normandie, le Régiment de Grassin, &c.
40 Des Césars modernes.
41 Elle fut prise en 1604. par Ambroise Spinola, après trois ans & trois
mois de siége,

C ij

En dix jours à L o u i s cédant ſes murs ouverts ;
Et l'Anglais frémiſſant ſur le Trône des Mers ,

Français , heureux Français , peuple doux & terrible ;
C'eſt peu qu'en vous guidant L o u i s ſoit invincible ;
C'eſt peu que le front calme , & la mort dans les mains ,
Il ait lancé la foudre avec des yeux ſerains ;
C'eſt peu d'être vainqueur , il eſt modeſte & tendre ;
Il honore de pleurs le ſang qu'il fit répandre ;
Entouré des Héros qui ſuivirent ſes pas ,
320 Il prodigue l'éloge , & ne le reçoit pas ;
Il veille ſur des jours hazardés pour lui plaire :
Le Monarque eſt un homme , & le Vainqueur un pere ;
Ces captifs tout ſanglans portés par nos ſoldats ,
Par leur main triomphante arrachés au trépas ,
Après ces jours de ſang , d'horreur & de furie ,
Ainſi qu'en leurs foyers au ſein de leur patrie ,
Des plus tendres bienfaits éprouvent les douceurs ;
Conſolés , ſecourus , ſervis par leurs vainqueurs :
O grandeur véritable ! O victoire nouvelle !
330 Eh ! Quel cœur enivré d'une haine cruelle ,
Quel farouche ennemi peut n'aimer pas mon Roi ,
Et ne pas ſouhaiter d'être né ſous ſa Loi ?
Il étendra ſon bras , il calmera l'Empire.

Deja Vienne ſe tait , déja Londre l'admire ;

La Baviere confufe au bruit de fes exploits;
Gémit d'avoir quitté le protecteur des Rois;
Naple eft en fûreté, Turin dans les allarmes;
Tous les Rois de fon fang triomphent par fes armes;
Et de l'Ebre à la Seine en tous lieux on entend:
340 LE PLUS AIMÉ DES ROIS EST AUSSI LE PLUS GRAND.
Ah! qu'on ajoute encore à ce titre fuprême,
Ce nom fi cher au monde & fi cher à lui-même;
Ce prix de fes vertus qui manque à fa valeur,
Ce titre augufte & faint de PACIFICATEUR;
Que de ces jours fi beaux de qui nos jours dépendent,
La courfe foit tranquille, & les bornes s'étendent.
Ramenez ce Héros, ô vous qui l'imitez,
Guerriers qu'il vit combattre & vaincre à fes côtez:
Les palmes dans les mains nos Peuples vous attendent;
350 Nos cœurs volent vers vous, nos regards vous demandent;
Vos meres, vos enfans, à vos defirs rendus,
De vos périls paffés encor tout éperdus,
Vont baigner dans l'excès d'une ardente allegreffe,
Vos fronts victorieux de larmes de tendreffe:
Accourez, recevez à votre heureux retour,
Le prix de la Vertu par les mains de l'Amour.

FIN.

C iij

A MONSIEUR
DE VOLTAIRE,
HISTORIOGRAPHE DE FRANCE.

Par M. DE ***. *de l'Académie des Sciences, des*
Belles-Lettres & Arts de Rouen.

VOs Vers avoient d'Henri confacré la clémence ;
    Et vos récits de Charle affuroient les lauriers :
C'étoit vous enhardir à montrer à la France,
Dans le meilleur des Rois, le plus grand des Guerriers.

  QUEL Dieu, vous élevant à fa gloire fuprême,
En fait luire un rayon fur votre front chéri ?
Un Roy qui vous permet de le chanter lui-même,
Un Roy plus craint que Charle, & plus aimé qu'Henri.

  SUIVEZ fes pas, entrez au Temple de Mémoire ;
Forcez, en y gravant fes glorieux fuccès,
Vienne à les admirer, l'avenir à les croire ;
Ecrivez : LOUIS marche, il conduit les Français.

Déesse des Héros, Renommée immortelle,
O toi! qui pour Louis fis parler tes cent voix,
Revole fur la Flandre où fa gloire t'appelle ;
Il va qu'itter Tournay pour de plus grands exploits.

Sur la rive prochaine il a porté la foudre,
Et l'Efcaut frémiffant, l'a vû franchir fes eaux.
La nuit vient ; l'Ennemi veille pour fe réfoudre ;
Et Louis fur la terre a le lit des Héros.

Avec des doigts de fang, enfin la trifte Aurore,
Ouvre à regret les Cieux aux chevaux du Soleil,
Et gémit que ce jour qu'elle preffe d'éclore,
Pour tant d'infortunés foit le dernier réveil.

Ces deux Camps oppofés, qu'arma la barbarie,
Au fignal des enfers fondent à coups preffés :
Chaque homme eft à chaque homme une affreufe furie ;
Les rangs déja détruits font déja remplacés.

Le fer n'y fuffit plus , & la flame qui tonne ,
Acheve d'écrafer ces Héros renaiffans ;
Rien n'échappe , tout meurt. La cruelle Bellone
Applaudit à nos arts deftructeurs des vivans.

C iiij

MON Roy n'eſt point caché ſous l'immortelle Egide;
Ses Sujets l'entouroient, ils tombent près de lui:
La fortune balance, & notre amour décide,
Notre amour, de nos Roys l'inébranlable apui.

COMME on vit pour ces murs, qu'ils ne purent defendre,
Jadis s'armer des Dieux aux bords du Simoïs,
Tels Valdelck, Cumberland, viennent ſauver la Flandre,
Trouvent un Dieu plus fort, & cédent à LOUIS;

IL triomphe; il s'arrête en ſa marche ſanglante;
Il mérita de vaincre, il pardonne aux vaincus.
Non, la valeur n'eſt pas cette fureur brillante,
Qui, ſous un joug de fer, opprime les vertus;

LA valeur eſt l'effort, que ſe permet le ſage,
Pour repouſſer les traits de la Témérité.
Le Héros, déſarmé par un juſte avantage,
Tend à ſon ennemi la main qui l'a domté.

POURQUOI les Nations, vainement conjurées;
Cherchoient-elles LOUIS aux Champs de Fontenoy?
Il les montre à ſon fils par la Mort déchirées,
Et Roy, par ce ſpectacle, inſtruit le fils d'un Roy;

VOYEZ, mon fils, voyez les horreurs de la Guerre ;
Ecoutez ces mourans, ils se plaignent à nous.
Hommes, de sang humain nous ennivrons la terre ;
Et Roys, nous sommes nés pour le bonheur de tous.

VOLTAIRE ; pour suffire à peindre sa grande ame,
Il falloit vos talens : Poëte, Historien,
Excitez votre esprit que le sublime enflâme ;
Homere trouve Achille, il ne leur manque rien.

AH ! plûtôt que touché de tant de funérailles ;
LOUIS offre à vos chants Titus & ses bienfaits !
Qu'entouré des beaux Arts il vienne dans Versailles
Former son digne fils aux vertus de la Paix !

FIN.

DISCOURS EN VERS
SUR LES EVENEMENS
de l'année 1744.

Nous verrons donc toujours des fottifes en France ?
Difoit l'hyver dérnier, d'un air plein d'importance,
Timon, qui, du paffé profond admirateur,
Du préfent qu'il ignore eft l'éternel frondeur.
Pourquoi, s'écrioit-il, le Roi va-t'il en Flandre ?
Quelle étrange Vertu qui s'obftine à défendre
Les débris dangereux du Trône des *Céfars*,
Contre l'Or des *Anglais*, & le Fer des *Houzards* !
Dans le jeune C O N T I , quel excès de folie,
D'efcalader les Monts qui gardent l'Italie :
Et d'attaquer vers *Nice* un Roi victorieux,
Sur ces Sommets glacés dont le front touche aux
    Cieux ?
Pour franchir ces amas des Neiges éternelles ;
Dédale à cet *Icare* a-t'il prêté fes aîles ?
A-t'il reçû, du moins, dans fon deffein fatal,
Pour brifer les Rochers, le fecret d'*Annibal* ?

IL parle : & CONTI vole. Une ardente jeuneſſe
Voyant peu les dangers que voit trop la vieilleſſe,
Se précipite en foule autour de ſon Héros :
Du *Var* qui s'épouvante on traverſe les flots ;
De Torrens en Rochers, de Montagne en Abyſme ;
Des Alpes en couroux on aſſiége la cime ;
On y brave la foudre : on voit de tous côtés,
Et la Nature, & l'Art, & l'Ennemi domtés.
CONTI qu'on cenſuroit, & que l'Univers loue,
Eſt un autre Annibal qui n'a point de *Capoue*.
Critiques orgueilleux, Frondeurs, en eſt-ce aſſez ?
Avec *Nice* & *Demont* vous voilà terraſſés.

MAIS, tandis que ſous lui les Alpes s'applaniſ-
ſent,
Que ſur les Flots voiſins les Anglais en frémiſſent,
Sur les bords de l'*Eſcaut* LOUIS fait tout trembler ;
Le *Batave* s'arrête, & craint de le troubler.
Miniſtres, Généraux ſuivent d'un même zéle ;
Du Conſeil aux dangers, leur Prince & leur modéle ;
Et tandis que CONTY l'a ſi bien ſecondé,
Près de lui dans CLERMONT il retrouve un Condé.
L'Envie alors ſe tait, la Médiſance admire ;
Zoïle, un jour du moins, renonce à la Satyre,
Et le vieux Nouvelliſte, une canne à la main,
Trace, au Palais Royal, *Ypre*, *Furne & Menin.*

AINSI, lorfqu'à Paris, la tendre *Melpomene*
De quelque Ouvrage heureux vient embellir la fcéne ;
En dépit des fifflets de cent Auteurs malins ,
Le fpectateur fenfible applaudit des deux mains ;
Ainfi , malgré *Buffi* , fes chanfons & fa haine,
Nos Ayeux admiroient *Luxembourg* & *Turenne.*
Le Français, quelquefois, eft léger & moqueur :
Mais toujours le mérite eut des droits fur fon cœur ;
Son œil perçant & jufte eft prompt à le connoître ;
Il l'aime en fon égal , il l'adore en fon maître.
La Vertu fur le Thrône eft dans fon plus beau jour ,
Et l'exemple du monde en eft auffi l'amour.

NOUS l'avons bien prouvé , quand la Fiévre fata-
le ,
A l'œil creux , au teint fombre , à la marche inégale ,
De fes tremblantes mains , Miniftre du Trépas ,
Vint attaquer LOUIS au fortir des Combats.
Jadis *Germanicus* fit verfer moins de larmes ;
L'Univers éploré reffentit moins d'alarmes ,
Et goûta moins l'excès de fa félicité ,
Lorfqu'*Antonin* mourant reparut en fanté.
Dans nos emportemens de douleur & de joie ,
Le cœur feul a parlé , l'amour feul fe déploie.
Paris n'a jamais vû de tranfports fi divers,
Tant de Feux d'artifice , & fi peu de bons Vers.

Autrefois, ô Grand Roi! les Filles de
    Mémoire,
Chantant au pied du Trône, en égaloient la gloire.
Que nous dégénérons de ce temps si chéri!
L'éclat du Trône augmente, & le nôtre est flétri.
O! Ma Profe & mes Vers, gardez vous de paroître;
Il est dur d'ennuyer son Héros & son Maître:
Cependant nous avons la noble vanité
De mener les Héros à l'immortalité;
Nous nous trompons beaucoup, un Roi juste & qu'on
    aime,
Va sans nous à la gloire, & doit tout à lui-même.
Chaque age le bénit, le Vieillard expirant,
De ce Prince, à son Fils, fait l'éloge en pleurant;
Le Fils, éternisant des Images si cheres,
Raconte à ses Neveux le bonheur de leurs Peres;
Et ce nom dont la Terre aime à s'entretenir,
Est porté par l'Amour aux Siécles à venir.

Si, pourtant, ô Grand Roi! quelqu'Esprit moins
    vulgaire,
Des vœux de tout un Peuple interpréte sincere,
S'élevant jusqu'à Vous par le grand Art des Vers,
Osoit, sans Vous flatter, Vous peindre à l'Univers,
Peut-être on Vous verroit, séduit par l'harmonie,
Pardonner à l'Eloge en faveur du Génie;

Peut-être d'un regard le Parnasse excité;
De son lustre terni reprendroit la beauté.
L'œil du Maître peut tout, c'est lui qui rend la vie
Au mérite expirant sous les dents de l'Envie;
C'est lui dont les rayons ont cent fois éclairé
Le modeste Talent dans la foule ignoré.
Un Roi qui sait régner, nous fait ce que nous sommes :
Les regards d'un Héros produisent de grands hommes.

EPITRE AU ROY,

PRESENTÉE A SA MAJESTÉ
au Camp devant Fribourg, le premier Novembre 1744.

ROI nécessaire au Monde, où portez-vous vos pas ?
De la Fiévre échapé, vous courez aux Combats.
Vous volez à *Fribourg*. En vain la *Peironie*
Vous disoit : Arrêtez, ménagez votre vie,
Il vous faut du régime, & non des soins guerriers :
Un Héros peut dormir couronné de Lauriers.
Le zéle a beau parler, vous n'avez pû le croire.
Rebelle aux Médecins, & fidéle à la gloire,
Vous bravez l'Ennemi, les Assauts, les Saisons,
Le poids de la fatigue, & les feux des Canons :

Tout l'Etat en frémit, & craint votre courage ;
Vos Ennemis, Grand Roi, le craignent davantage.
Ah, n'effrayez que *Vienne*, & raſſurez *Paris* !
Venez, rendez la joye à vos peuples chéris ;
Rendez-nous ce Héros qu'on admire & qu'on aime.

Un Sage nous a dit, que le ſeul bien ſuprême,
Le ſeul bien qui du moins reſſemble au vrai bonheur,
Le ſeul digne de l'homme, eſt de toucher un cœur :
Si ce Sage eut raiſon, ſi la Philoſophie
Plaça dans l'Amitié le charme de la Vie,
Quel eſt donc, Juſtes Dieux ! le deſtin d'un bon Roi,
Qui dit, ſans ſe flatter : Tous les cœurs ſont à moi ?
A cet Empire heureux qu'il eſt beau de prétendre !
Vous, qui le poſſedez, venez, daignez entendre,
Des bornes de l'*Alſace* aux remparts de Paris,
Ce cri que l'Amour ſeul forme de tant de cris ;
Accourez, contemplez ce Peuple dans la joye,
Béniſſant le Héros que le Ciel lui renvoye :
Ne le voyez-vous pas tout ce peuple à genoux,
Tous ces avides yeux qui ne cherchent que vous,
Tous ces cœurs enflammés volant ſur notre bouche ?
C'eſt là le vrai triomphe & le ſeul qui vous touche.

Cent Rois au Capitole en Eſclaves traînés,
Leurs Villes, leurs Treſors, & leurs Dieux enchaînés,

Ces Chars éteincelans, ces Prêtres, cette Armée,
Ce Sénat infultant à la Terre opprimée,
Ces Vaincus envoyés du fpectacle au Cercueil,
Ces triomphes de Rome étoient ceux de l'orgueil.
Le vôtre eft de l'Amour, & la gloire en eft pure.
Un jour les effaçoit, le vôtre à jamais dure :
Ils effrayoient le Monde, & vous le raffurez.
Vous, l'image des Dieux fur la Terre adorez,
Vous, que dans l'Age d'Or elle eût choifi pour Maître,
Goûtez les jours heureux que vos foins font renaître ;
Que la Paix floriffante embelliffe leurs cours.
Mars fait des jours brillans, la Paix fait de beaux jours.
Qu'elle vole à la voix du Vainqueur qui l'appelle,
Et qui n'a combattu que pour nous & pour elle.

F I N.

Lû & approuvé pour la neuviéme Edition, ce 2 Septembre
1745. CREBILLON.

Vû l'Approbation du Sieur Crébillon. Permis de réimprimer, ce 3
Septembre 1745. à la charge de l'enregiftrement à la chambre Syn-
dicale. MARVILLE.

Regiftré fur le Livre de la Communauté des Libraires & Im-
primeurs de Paris, N°. 3056. conformément aux Reglemens, &
notamment à l'Arreft du Confeil du 10 Juillet 1745. Ce quatre
Septembre 1745. MATHEY, Adjoint du Syndic.